BEI GRIN MACHT SICH IHR WISSEN BEZAHLT

- Wir veröffentlichen Ihre Hausarbeit, Bachelor- und Masterarbeit

- Ihr eigenes eBook und Buch - weltweit in allen wichtigen Shops

- Verdienen Sie an jedem Verkauf

Jetzt bei www.GRIN.com hochladen und kostenlos publizieren

Bibliografische Information der Deutschen Nationalbibliothek:

Die Deutsche Bibliothek verzeichnet diese Publikation in der Deutschen National-bibliografie; detaillierte bibliografische Daten sind im Internet über http://dnb.d-nb.de/ abrufbar.

Dieses Werk sowie alle darin enthaltenen einzelnen Beiträge und Abbildungen sind urheberrechtlich geschützt. Jede Verwertung, die nicht ausdrücklich vom Urheberrechtsschutz zugelassen ist, bedarf der vorherigen Zustimmung des Verla-ges. Das gilt insbesondere für Vervielfältigungen, Bearbeitungen, Übersetzungen, Mikroverfilmungen, Auswertungen durch Datenbanken und für die Einspeicherung und Verarbeitung in elektronische Systeme. Alle Rechte, auch die des auszugsweisen Nachdrucks, der fotomechanischen Wiedergabe (einschließlich Mikrokopie) sowie der Auswertung durch Datenbanken oder ähnliche Einrichtungen, vorbehalten.

Impressum:

Copyright © 2014 GRIN Verlag, Open Publishing GmbH
Druck und Bindung: Books on Demand GmbH, Norderstedt Germany
ISBN: 978-3-668-16174-0

Dieses Buch bei GRIN:

http://www.grin.com/de/e-book/316542/projektmanagement-2-0-herausforderung-virtuelles-team

Manuel Schleich

Projektmanagement 2.0. Herausforderung virtuelles Team

GRIN Verlag

GRIN - Your knowledge has value

Der GRIN Verlag publiziert seit 1998 wissenschaftliche Arbeiten von Studenten, Hochschullehrern und anderen Akademikern als eBook und gedrucktes Buch. Die Verlagswebsite www.grin.com ist die ideale Plattform zur Veröffentlichung von Hausarbeiten, Abschlussarbeiten, wissenschaftlichen Aufsätzen, Dissertationen und Fachbüchern.

Besuchen Sie uns im Internet:

http://www.grin.com/

http://www.facebook.com/grincom

http://www.twitter.com/grin_com

Inhalt

Abbildungs- und Tabellenverzeichnis

1. Einleitung

Unternehmen in Deutschland nutzen das Internet schon seit langem um sich zu präsentieren, Kunden über neue Produkte zu informieren, Support zu leisten und für vieles weitere. Einen rasanten Anstieg hat vor allem die Nutzung des mobilen Internetzuganges erfahren. Dieser stieg von 33% im Jahr 2012 auf 60% im Jahr 2013,[1] was somit fast eine Verdoppelung darstellt. Dabei gebrauchen auch immer mehr Unternehmen Social Software. Insgesamt nutzen rund 37% der Unternehmen solche Programme, wobei speziell die größeren Unternehmen (>250 Mitarbeiter) diese Medien mit rund 56% stärker nutzen.[2] Das zeigt, dass die neuen Medien in den Unternehmen ankommen und vielfältig genutzt werden.

Die Nutzung von Web 2.0 Technologien kann speziell in Projekten von Vorteil sein. Dies veranschaulicht das Beispiel eines Projektes der Swiss Re. Hier drohte ein strategisch wichtiges Vorhaben für das Unternehmen zu scheitern, konnte aber mithilfe des Einsatzes einer Web 2.0 Kollaborationssoftware doch noch zum gewünschten Erfolg geführt werden. Da die Projektmitarbeiter weltweit verteilt waren, war die Zusammenarbeit das Hauptproblem und auch der Grund für das beinahe Scheitern des Projektes. Da es allerdings keine Selbstverständlichkeit ist, dass durch den Einsatz von Web 2.0 Technologien alles Einfacher und Besser wird, stellt sich folgende Frage:

Welche Herausforderungen ergeben sich aus der virtuellen Zusammenarbeit mit Web 2.0 Tools und dessen Führung in Projekten?

Diese Frage wird im Rahmen dieser Seminararbeit beantwortet, wobei an dieser Stelle aber eine klare Abgrenzung des Inhaltes vorzunehmen ist. Die interkulturellen Aspekte und das Design respektive die Usability der eingesetzten Lösung ist nicht Untersuchungsgegenstand dieser Arbeit.

---

[1] Vgl. Statistisches Bundesamt (2013), S. 6
[2] Vgl. Statistisches Bundesamt (2013), S. 7

2. Theoretische Rahmenbedingungen

2.1 Ursprung und Bedeutung des Projektmanagement 2.0

Um den Begriff Projektmanagement 2.0 allumfänglich zu verstehen ist es nötig diesen zunächst in seine Bestandteile aufzuteilen. Dadurch ergeben sich drei Teile: „Projekt", „Management" und „2.0".

Beginnend mit der Bezeichnung Projekt lässt sich dies am besten mit der Definition der International Organization for Standardization erläutern. Der Begriff des Projektes ist definiert in der DIN 69 901 und lautet wie folgt:

„Ein Projekt ist ein „Vorhaben, das im Wesentlichen durch die Einmaligkeit der Bedingungen in seiner Gesamtheit gekennzeichnet ist, z.B. Zielvorgabe, zeitliche, finanzielle, personelle und andere Begrenzungen, Abgrenzung gegenüber anderen Vorhaben und projektspezifische Organisation (DIN 69 901)."" [3]

Eine allgemeingültige Definition des Begriffes „Management" existiert nicht, sondern vielmehr eine Vielzahl von Annäherungen. Die Wurzeln liegen im Lateinischen und bedeuten „…mit der Hand führen…" [4]. Ein Versuch zur Begriffserklärung wurde in den 80ern vom Präsidenten der American Management Association vorgenommen. Dieser verwendete folgende Worte: „…Management is getting things done through other people." [5]. Beim Management geht es also im Wesentlichen darum, Leute zu führen damit Dinge erledigt werden.

Der Zusatz „2.0" wird in der heutigen Zeit häufig an etablierte Fachausdrücke gehängt. Der Ursprung dieser Konstellation ist der Begriff des „Web 2.0". Dieser wurde 2004 in einem vom Verleger Tim O'Reilly veranstaltetem Brainstorming geprägt. [6] Die Ergebnisse wurden 2005 in einem Artikel veröffentlicht. Hier ging es darum was die Unternehmen Richtig machten, die im Herbst 2001 die Dotcom Blase überlebten und seitdem

---

[3] Pfetzing, K.,Rohde, A. (2009), S. 20
[4] Weatherly, J. N. (2009), S. 1
[5] Montana, P. J.,Charnov, B. H. (2008), S. 2
[6] Alby, T. (2008), S. 15

zu den erfolgreichsten Unternehmen im Internet zählten. Die wesentlichen Kernkompetenzen sind demnach folgende: [7]

- „Nutzung des Webs als Plattform…"
- „Einbeziehung der kollektiven Intelligenz der Nutzer, sei es durch Blogs, von Benutzern geschaffene Strukturen wie die einer Folksonomy oder die Zusammenarbeit von Benutzern mittels Social Software…"
- „Zugang zu Daten, die schwer oder teuer zusammenzustellen sind und die umso wertvoller werden, je häufiger sie genutzt werden…"
- „Eine Vorgehensweise bei der Entwicklung von Software, die auch die Benutzer einbezieht…"
- „„Leichtgewichtige" Modelle, die sowohl die Programmierung, die Benutzerschnittstellen als auch die Geschäftsmodelle betreffen…"
- „Software, welche die Grenzen einzelner Geräte überschreitet…"
- „Einbeziehen der sogenannten „Long Tail" durch Systeme, die einen Self-Service ermöglichen…"

Zusammenfassend lässt sich festhalten, dass es bei Projektmanagement darum geht Menschen zu führen, um ein Projektziel zu erreichen. Der Zusatz „2.0" verdeutlicht dabei die verwendeten Mittel. Im Wesentlichen sollen Tools zur kollaborativen Zusammenarbeit verwendet werden, um so einen zusätzlichen Nutzen zu erzielen und die Zusammenarbeit zu erleichtern. Zusätzlich trägt dies in gewisser Art und Weise zur Motivation der Projektmitarbeiter bei. Ihnen wird dadurch eine erhöhte Verantwortung zuteil, die sich grundsätzlich positiv auf die Motivation auswirkt.

2.2 Tools zur kollaborativen Zusammenarbeit in Projekten

Eine repräsentative Umfrage des Zentrums für Europäische Wirtschaftsforschung hatte im Jahre 2010 insgesamt 4.400 Unternehmen dahingehend untersucht, ob und inwieweit Web 2.0 Technologien im Unternehmen eingesetzt werden. Dabei waren die Branchen IT-Dienstleistungen / Telekomunikation mit rund 62%, Mediendienstleistungen mit rund 39% und Unternehmensberatung mit rund 38% die Branchen mit dem stärksten Einsatz.[8] Es kann allerdings davon ausgegangen werden, dass dies vier Jahre später auf-

---

[7] Alby, T. (2008), S. 15; O'Reilly, T. (2005), S. 5
[8] Vgl. ZEW (2010), S. 1

grund der Integration der Anwendungen und Verbreitung von Smartphones und Tablets noch stärker der Fall ist.

Bei den in Unternehmen eingesetzten Anwendungen kommen neben Blogs und Wikis überwiegend Kollaborationsplattformen und soziale Online-Netzwerke zum Einsatz. Unternehmen die Web 2.0 Anwendungen einsetzen, tun dies zu 62% für Projekte innerhalb des Unternehmens und zu 46% in Projekten mit externen Partnern oder Kunden.[9] Dabei gibt es unterschiedliche Bereitstellungsformen dieser Anwendungen. Zum einen sind dies die klassischen Anwendungen innerhalb des Unternehmens, welche intern „gehostet" und administriert werden. Sie werden über das lokale Intranet und teils über entsprechend abgesicherte Zugänge über das Extranet den Nutzern zur Verfügung gestellt. Zum anderen ist dies die Bereitstellung durch einen externen Provider. Das Schlagwort hierbei ist Cloud Computing. Dabei stellt der Anbieter die Software, die Plattform und die Infrastruktur bereit. Cloud Computing integriert dabei die Service Modelle Software-as-a-Service (SaaS), Platform-as-a-Service (PaaS) und Infrastructure-as-a-Service (IaaS).[10]

Bei einem Blick auf den Markt gibt es viele Anbieter von Web 2.0 Tools zur kollaborativen Zusammenarbeit. Die folgende Abbildung soll einen kurzen Überblick geben:

---

[9] Vgl. ZEW (2010), S. 2
[10] Vgl. Alali, F. A.,Yeh, C.-L. (2012), S. 13ff

Anbieter	Gehostet (intern)	Gehostet (Extern)	Kollaboration	Spezielle Projekttools
Microsoft Sharepoint Plattform[11,12]	✓	✗	✓	✗
IBM Domino und Notes Plattform[13]	✓	✗	✓	✗
BaseCamp[14]	✗	✓	✓	✓
GroupCamp[15]	✗	✓	✓	✓
TeamLab[16]	✓	✓	✓	✓
Planzone[17]	✗	✓	✓	✓
Quassum[18]	✗	✓	✓	✓

Abb. 1: Übersicht Anbieter[19]

Gerade die etablierten und großen Software Anbieter wie Microsoft und IBM zeigen speziell im Bereich Projektmanagement noch Schwächen. Zwar gibt es die bekannten Kollaborationsplattformen, um Wissen zu dokumentieren und das kollaborative Arbeiten an Dokumenten zu ermöglichen. Es existiert jedoch kein abgestimmtes Set wie z.b. Aufgabenverwaltung, Projektplanung, Meilensteinplanung etc., um speziell Projekte zu managen. Aus diesem Grund greifen sogar große Unternehmen wie Adidas, Nike oder auch DHL eher zu den innovativen Werkzeugen des Web 2.0, um Projekte effizient zu managen.[20]

2.3 Virtualität und virtuelles Team

In der heutigen Zeit liegt die Vermutung nahe, dass Projekte aufgrund der Methodenkompetenz, die wiederum durch professionelle Tools unterstützt wird demnach keine große Herausforderung mehr darstellen. Diese Annahme wird allerdings von der Standish Group widerlegt, welche IT-Projekte analysiert und die Ergebnisse in ihrem Chaos Summary Report veröffentlichte. Die aktuellsten Zahlen vom Jahre 2012 zeigen deutlich, dass sich ein erfolgreiches IT-Projekt dadurch auszeichnet, das es die drei Kriterien in-Time, in-Budget und in-Quality erfüllt. Allerdings tun dies nur 39% aller IT-Projekte. 43% werden zwar abgeschlossen, aber liegen nicht im geplanten Rahmen und

---

[11] Vgl. Microsoft Corporation (2014a), o. S.
[12] Vgl. Microsoft Corporation (2014b), o. S.
[13] Vgl. IBM Deutschland (2014), o. S.
[14] Vgl. Basecamp (2014b), o. S.
[15] Vgl. GroupCamp (2014), o. S.
[16] Vgl. Ascensio System SIA (2014), o. S.
[17] Vgl. Augeo Software (2014), o. S.
[18] Vgl. NorthDocks UG (2014), o. S.
[19] Eigene Darstellung
[20] Vgl. Basecamp (2014a), o. S.

/ oder erfüllen nicht das eigentliche Ziel. Letzten Endes scheitern 18% der IT-Projekte sogar komplett.[21]

Die Gründe für nicht planmäßig verlaufende Projekte sind sehr unterschiedlich. Die deutsche Gesellschaft für Projektemanagement (GPM) hat hierzu im Jahr 2012 bis 2013 eine Studie durchgeführt. Dabei sind in der Rangliste die ersten fünf Ursachen folgende:[22]

1. Fehlendes Projektcontrolling
2. unvollständiger Ressourcenplan
3. mangelhaftes personenbezogenes Veränderungsmanagement
4. mangelhafte Machbarkeitsanalyse
5. geänderte Anforderungen im Projektverlauf

Dies macht deutlich, dass nach wie vor die klassischen Gründe im Vordergrund stehen. In Zeiten der Globalisierung werden Projektleiter und Projektmitarbeiter allerdings vor eine weitere Herausforderung gestellt. Unterstützt durch die Web 2.0 Technologien und deren Möglichkeiten zur kollaborativen Zusammenarbeit ist es möglich sehr einfach durch entsprechenden Tool Einsatz IT-Projekte weltweit durchzuführen. Die Herausforderung, die sich daraus ergibt sind virtuelle Teams. Aber was kennzeichnet ein virtuelles Team? Dem zugrunde liegt die „Virtualität". In Zusammenhang mit dem Projektteam im Projekt gibt es dabei verschiedene Ausprägungen der Zusammenarbeit. Zum einen können Teammitglieder am gleichen Ort zur gleichen Zeit zusammenarbeiten aber auch zu unterschiedlicher Zeit an unterschiedlichen Orten. Die folgende Abbildung zeigt die vier Formen, wobei zusammengefasst ein Arbeiten jederzeit an jedem Ort möglich ist (anytime anyplace).[23]

---

[21] Vgl. Standish Group (2013), S. 1
[22] Vgl. GPM Deutsche Gesellschaft für Projektmanagement e. V. (2013), S. 9
[23] Vgl. O'Hara-Devereaux, M.,Johansen, R. (1994), S. 82ff

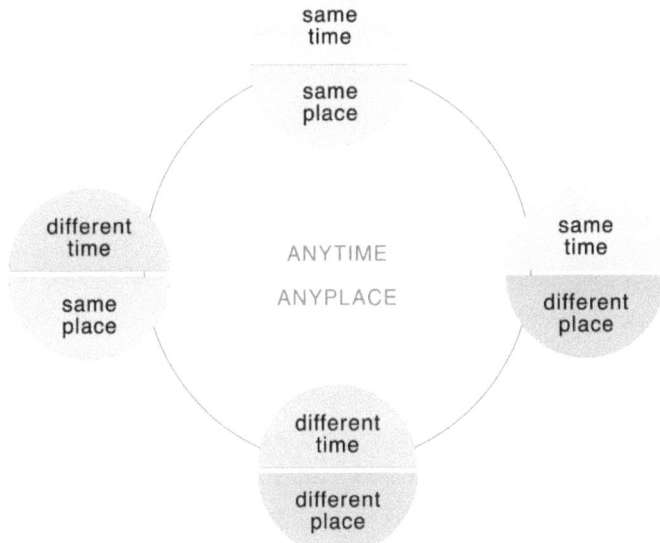

Abb. 2: Virtualität[24]

Das Ergebnis ist ein uneingeschränkter Zugriff auf die Projektmitarbeiter, denen durch geeignete Werkzeuge ein selbstbestimmteres Arbeiten möglich ist.[25]

3. Fallstudie der Swiss Re

Das Arbeiten in verteilten Teams bringt einige Herausforderungen mit sich. In diesem Kapitel sollen solche anhand einer Fallstudie erarbeitet werden.

3.1 Vorstellung der Fallstudie der Swiss Re

Die Fallstudie „Projektmanagement bei verteilten Teams mit Jive - Gruppen im Swiss Re Ourspace" wurde im Unternehmen Swiss Reinsurance Company AG (Swiss Re) im Jahre 2011 durchgeführt. Die Swiss Re ist eines der führenden Rückversicherungsunternehmen und agiert weltweit. Das Unternehmen ist überwiegend im Sach- und Lebensversicherungsgeschäft vertreten. Im Rahmen der Fallstudie wurde ein Projekt und deren Steuerung untersucht.[26]

---

[24] Eigene Darstellung
[25] Vgl. Davis, G. B. (2002), S. 73
[26] Vgl. Back, A., Gronau, N.,Tochtermann, K. (2012), S. 293

Die Fallstudie beschreibt als Ausgangslage ein Projekt im Bereich „Client and Business Intelligence" (kurz CBI), welches die Vernetzung der Kunden darstellen soll. Die Basis war dabei das vorhandene SAP CRM. Die Darstellung sollte ähnlich bekannten Plattformen wie XING oder LinkedIn erfolgen. Nach Vollendung des Projektes sollte es neben dem Suchen von Kontakten im CRM ebenfalls möglich sein, diese mittels eines Klicks zu vernetzen. Ziel war es damit das Kundenkontaktmanagement der Swiss Re zu verbessern.[27]

Das beschriebene Projekt geriet allerdings ins stocken. Dem zugrunde liegt vor allem die globale Verteilung des Projektteams. Dabei saß der Projektleiter in Zürich, die Verantwortlichen der IT und der Geldgeber in New York, die Entwickler in Riga, die Tester in Indien und die anschließenden Anwender global verteilt.[28] Daraus resultiert ein weltweit verteiltes, respektive virtuelles Team und die damit verbundenen Probleme. Die Projektkollaboration wurde in diesem Projekt überwiegend mithilfe von E-Mails und Excel Tabellen durchgeführt. Neben einem ineffizienten Projektcontrolling waren eine intransparente Kommunikation und eine unklare Aufgabenverteilung die Folge. Dies führte zu einer inadäquaten Mitarbeit der Projektmitglieder und zu einem sehr langsamen Projektfortschritt.[29]

Das Vorhaben zur Erfassung und Erstellung den Kundenbeziehungen war 2011 eines der wichtigen strategischen Projekte der Swiss Re. Aus diesem Grund mussten Maßnahmen ergriffen werden um das Projekt wieder auf Kurs zu bringen. Die getroffene Maßnahme wurde durch den Projektleiter selbst definiert, indem er zur Kollaboration Jive einführte.[30] Jive ist eine Social-Business-Plattform zum Aufbau eines Social Networks mithilfe von Gruppen. Daneben gibt es noch andere Features wie eine Integration in die Microsoft Office Produktpalette, Workflow für Tasks, Messaging Services, Mobile Integration und vieles weitere.[31]

Zunächst wurde eine geschlossene Gruppe, genannt Ourspace, in Jive durch den Projektleiter eingerichtet. Im Anschluss wurde die Grundstruktur definiert und zuletzt dem Projektteam die neue Vorgehens- und Arbeitsweise kommuniziert. Mithilfe dieser

---

[27] Vgl. Back, A., Gronau, N.,Tochtermann, K. (2012), S. 294
[28] Vgl. Back, A., Gronau, N.,Tochtermann, K. (2012), S. 294
[29] Vgl. Back, A., Gronau, N.,Tochtermann, K. (2012), S. 295
[30] Vgl. Back, A., Gronau, N.,Tochtermann, K. (2012), S. 295
[31] Vgl. Jive Software (2014), o. S.

Maßnahme konnte das Projekt anschließend innerhalb eines kurzen Zeitraums erfolgreich abgeschlossen werden.[32]

3.2 Ergebnisse und interdisziplinäre Aspekte der Fallstudie

Die Fallstudie zeigt anschaulich wie neue Technologien eingesetzt werden können, um die Kollaboration innerhalb des Teams zu verbessern. Allerdings gibt es einige Herausforderungen die gemeistert werden müssen, um wirklich einen Erfolg zu erzielen.

Um die Ergebnisse der Fallstudie zu gruppieren, ist es sinnvoll diese in eine zeitliche Reihenfolge zu bringen. Dabei können drei Phasen identifiziert werden:

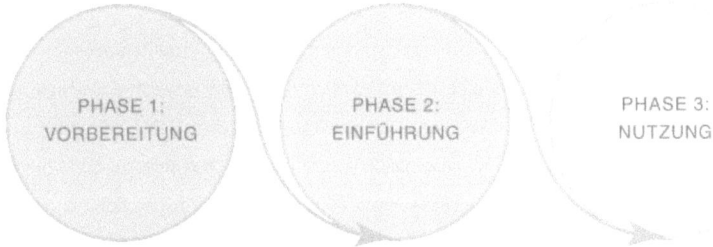

Abb. 3: Ergebnisse der Fallstudie - Interdisziplinäre Phasen[33]

Den einzelnen Phasen können entsprechend die verschiedenen Herausforderungen zugeordnet werden.

Phase 1 – Vorbereitungsphase:

- Management überzeugen[34]

    In der Vorbereitungsphase war es wichtig, neben den Verantwortlichen für das Projekt auch die Führungskräfte zu überzeugen. Die Schwierigkeit lag darin, eine unbekannte und neue Arbeitsweise für das schon vorhandene Projekt zu etablieren. Die Skepsis war zunächst entsprechend hoch, konnte allerdings durch entsprechende Überzeugungsarbeit des Projektleiters genommen werden. Dies funktionierte unter anderem dadurch, dass der Projektleiter die neue Arbeitsweise anschaulich anhand von Praxisbeispielen demonstriert hatte und selbst von der neuen Zusammenarbeit überzeugt war.

---

[32] Vgl. Back, A., Gronau, N.,Tochtermann, K. (2012), S. 293ff
[33] Eigene Darstellung
[34] Vgl. Back, A., Gronau, N.,Tochtermann, K. (2012), S. 298

- Projektumgebung bereitstellen[35]

Um eine reibungslose Einführungsphase überhaupt erst ermöglichen zu können, ist es erforderlich die notwendigen Techniken und Zugänge bereitzustellen. Dies wurde durch den Projektleiter selbst initiiert. Erleichtert wurde der Schritt durch eine bereits zur Verfügung stehende IT-Lösung (Jive) im Unternehmenskonzern. Somit wurde das Setup der neuen Technologie erheblich vereinfacht, da diese schon zentral bereitgestellt wurde und entsprechend in die IT-Infrastruktur integriert wurde.

Phase 2 – Einführungsphase:

- Projektteam an neue Arbeitsweise heranführen[36]

Gerade für die Projektmitarbeiter kann eine neue Arbeitsweise sehr abstrakt sein. Die Gefahr besteht neben Frustration auch im Boykott der neuen Arbeitsweise. Der Projektleiter trat diesem entgegen, indem sich Mitarbeiter zunächst mit der neuen Technik auseinandersetzen sollten. Dies sicherte den Mitarbeitern genügend Zeit sich auszuprobieren und wirkte sich entsprechend positiv in der Akzeptanz aus. Im Anschluss stellte der Projektleiter die Mitarbeiter vor vollendete Tatsachen. Dies bedeutet, dass die entsprechende Projektumgebung bereits eingerichtet war und zur sofortigen Nutzung bereitstand.

Phase 3 – Nutzungsphase:

- Änderung des Arbeitsverhaltens[37]

Neben dem Testen neuer Arbeitsweisen gestaltet sich die eigentliche Herausforderung darin, diese jeden Tag aufs Neue anzuwenden und nicht in alte Verhaltensweisen zurückzufallen. Dies könnte zum Beispiel die Nutzung von E-Mail als Abstimmung zu offenen Punkten sein, anstatt der neuen Web 2.0 Plattform. Das Vorleben durch die Projektleitung, sowie eine nicht vorhandene Akzeptanz und das direkte Aufmerksam machen bei Nichtbeachtung stellte diese Punkte sicher.

Zusammengefasst können unterschiedliche Herausforderungen an virtuelle Teams und dessen Führung ermittelt werden, die im Rahmen der Fallstudie abstrahiert werden können. Diese sind wie folgt:

---

[35] Vgl. Back, A., Gronau, N.,Tochtermann, K. (2012), S. 298
[36] Vgl. Back, A., Gronau, N.,Tochtermann, K. (2012), S. 298
[37] Vgl. Back, A., Gronau, N.,Tochtermann, K. (2012), S. 298

Bezeichnung	Beschreibung
Akzeptanz des Managements	Management muss von der neuen (verteilten und kollaborativen) Zusammenarbeit überzeugt sein.
Einstiegsbarrieren	Einstiegsbarrieren müssen bei einer verteilten Zusammenarbeit möglichst klein gehalten werden. Die Projektmitglieder müssen sich auf die Arbeit konzentrieren können und sollen sich nicht mit der Technik beschäftigen.
Change Management	Effizientes Change Management ist notwendig, um Skeptiker an die neue Arbeitsweise heranzuführen.
Berührungsängste mit neuer Arbeitsweise / Technologie	Neue Arbeitsweise sollte möglichst durch die Betroffenen getestet und durch entsprechende Informationen promotet werden. Dadurch können Ängste gemildert oder sogar beseitigt werden.
Verhaltensänderung	Verhaltensänderungen sind schwer zu erreichen und benötigen Zeit. Ein effektives Mittel ist vor allem das Vorleben dieser durch Führungspersonen (Management oder Projektleitung).

Abb. 4: Ergebnisse der Fallstudie - Interdisziplinäre Aspekte

4. Virtualität und deren Herausforderungen an die Teams und dessen Führung

Neben den Ergebnissen der Fallstudie gibt es durchaus weitere Aspekte bzgl. des Teams und dessen Führung. Dies sind Kommunikation, Selbstorganisation und die Führung bzw. der Führungsstil an sich.

4.1 Kommunikation

Führung findet vorrangig mithilfe von Kommunikation statt, sei es direkt oder indirekt. Dazu dienen neben persönlichen Gesprächen auch die Nutzung von Plattformen.[38] Bei der Kommunikation gibt es ein sehr bekanntes Axiom von Paul Wazlawick welches

---

[38] Vgl. Bohinc, T. (2012), S. 5f

lautet „Man kann nicht *nicht* kommunizieren."[39]. Ein Modell, das diesen Sachverhalt aufgreift ist das Vier-Seiten-Modell von Friedmann Schulz von Thun. Das Modell beschreibt dabei, dass Kommunikation bzw. die Nachricht an sich vier Aspekte enthält. Diese sind in der folgenden Abbildung zu sehen:[40]

- Sachinhalt (Inhalt der Nachricht)
- Selbstoffenbarung (Was gibt der Kommunikationspartner von sich selbst preis?)
- Beziehung (Beziehung zwischen den Kommunikationspartnern)
- Appell (Wozu soll das Gegenüber veranlasst werden?)

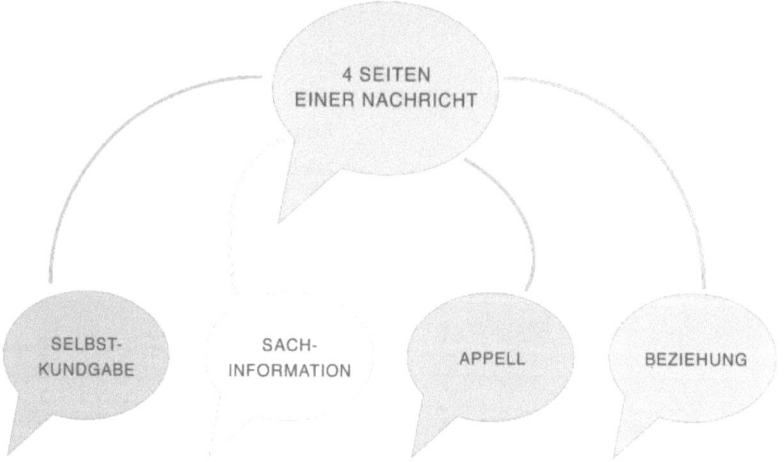

Abb. 5: Vier Seiten einer Nachricht[41]

Der Sachinhalt stellt für virtuelle Teams kein Problem dar, da durch kollaborative Plattformen der Informationsaustausch im Vordergrund steht. Problematisch wird es allerdings die Aspekte Selbstoffenbarung, Beziehung und Appell zu übertragen. Speziell in textbasierten Medien kann nahezu weder nonverbale (Gestik, Mimik, Körperhaltung) noch paraverbale Kommunikation (Betonung, Stimmführung, Lautstärke) stattfinden. Dieses Problem wirkt sich vor allem auf die Führung aus. Denn sie kann in diesem Kontext nur bedingt auf die zwischenmenschliche Kommunikation setzen. Durch ent-

---

[39] Salzer, E. (2011), S. 1
[40] Vgl. Schulz von Thun, Friedemann (2006), 25ff
[41] In Anlehnung an: Herrmann, D., Knut, H.,Andrea, R. (2012), S. 51

sprechende textuelle Sprache kann das Problem ansatzweise kompensiert werden. Jedoch besteht hier die Gefahr, dass Lücken oder Unklarheiten schnell durch eigene Gedanken aufgefüllt werden (Bsp.: Kannst du die letzte Aufgabe schnell erledigen? Problem: Was genau und bis wann?). Aber auch ein zu knapp formulierter Satz kann schnell negativ ausgelegt werden (Bsp.: Erledige das! Problem: Verschärfung der Nachricht).[42] Um diesen Nachteil wiederum aufzuheben können Videokonferenzen verwendet werden, um hier neben der Sprache auch das Bild zu übertragen. Hier gibt es viele namhafte Hersteller, wie Microsoft (Skype, Lync) oder Cisco (Webex), welche entsprechende Dienste und Lösungen dazu anbieten. Eine Videokonferenz kann allerdings nur unter der Prämisse: „gleiche Zeit" stattfinden und ist somit nur bedingt einsetzbar.

4.2 Selbstorganisation

Grundsätzlich sind Teammitglieder nur zu einem bestimmten Prozentsatz für IT-Projekte freigestellt. Daneben müssen sie in anderen Projekten mitarbeiten oder Aufgaben der Linie erledigen.[43] Das führt sehr schnell zu Problemen und kann sich zum einen negativ auf die Motivation des Mitarbeiters auswirken und zum anderen auch auf dessen Gesundheit, wenn dieser über längere Zeit überfordert wird. Ein Beispiel soll dies kurz verdeutlichen. Angenommen ein Mitarbeiter ist zu 75% für die Konzeption eines IT-Systems eingeplant. Die Projektleitung sitzt in New York, der Mitarbeiter in München. Zusätzlich ist der Mitarbeiter mit 25% für die täglich anfallenden Linienarbeiten eingeplant. Nun sind Mitarbeiter grundsätzlich bestrebt ihre Aufgaben zu erledigen. Da die Kollegen bzw. der Vorgesetzte in München auf dem Schreibtisch des Mitarbeiters erkennen, dass bereits alle Vorgänge in der Ablage sind, denken diese logischerweise der Mitarbeiter sei nicht ausgelastet und legen dort weitere Vorgänge bei dem Mitarbeiter ab. Dieser erledigt die Arbeiten wie gewohnt. Da aber noch die Arbeiten im Projekt anfallen, bleibt der Mitarbeiter länger um auch diese Arbeiten zu erledigen. Begünstigt wird dies auch noch durch die Zeitverschiebung (6 Stunden München – New York). Entsprechend veranlasst der Projektleiter noch Telefonkonferenzen für 19:00 Uhr. Schnell wird so aus einem 8 Stunden Arbeitstag ein 11 Stunden Arbeitstag. Die logische Konsequenz ist, dass der Mitarbeiter nicht mehr 25% seiner Arbeitszeit für die täglichen Arbeiten in der Linie verwendet sondern schnell darüber liegt. Bei extremen Fällen kann es zusätzlich dazu kommen, dass Arbeiten liegen bleiben. Dies bringt den Mitar-

---

[42] Vgl. Herrmann, D., Knut, H.,Andrea, R. (2012), S. 51f
[43] Vgl. Herrmann, D., Knut, H.,Andrea, R. (2012), S. 31f

beiter in die Situation, sich vor Vorgesetzten oder dem Projektleiter rechtfertigen zu müssen, was Stress verursacht und sich wiederum negativ auf die Motivation des Mitarbeiters auswirkt.

Dieses Beispiel verdeutlicht sehr anschaulich, wie wichtig eine Selbstorganisation im Rahmen virtueller Teams ist.

4.3 Führung

Die Führung von Mitarbeitern ist ein kontinuierlicher Prozess. Es sollte ein Führungsstil verwendet werden der „...Sinn vermittelt, der inspiriert und auf kooperationsfördernden Werten beruht."[44]. Es gibt mehrere Führungsstile in der Literatur. Unterteilen lassen sich diese in ein- zwei und dreidimensionale Führungsstile. Sie kennzeichnen sich dabei zentral durch folgende Kriterien:[45]

- Eindimensional: Willensbildung Vorgesetzter vs. Mitarbeiter
- Zweidimensional: Aufgabenorientierung und Mitarbeiterorientierung
- Dreidimensional: Aufgaben (mitarbeiter- und situationsbezogen)

Bei der Führung eines virtuellen Teams kommt es vor allem auf eine durchgreifende Führung und klare Positionierung an. Dadurch soll keine zu lockere Stimmung im Team aufkommen, die sich negativ auf die Effizienz des Teams auswirkt.[46] Unterstützt wird dieser Aspekt auch durch die zuvor analysierte Fallstudie. Auch hier gibt die Projektleitung vor, wie die Zusammenarbeit auszusehen hat. Dies ist allerdings oft nur in der Anfangsphase der Fall.

Im eindimensionalen Modell von Tannenbaum/Schmidt wäre dies eine autoritäre Führung. Hierbei entscheidet ausschließlich die Führungskraft ohne die Mitarbeiter einzubeziehen.[47] Im zweidimensionalen Modell von Blake/Mouton entspräche dies dem Führungsstil 9.1, wonach eine hohe Aufgabenorientierung und kaum bis keine Mitarbeiterorientierung herrscht.[48] Zuletzt kommt im dreidimensionalen Modell von Hersey/Blanchard die Dimension „Situation" hinzu. In diesem Modell gibt es insgesamt vier Phasen. Diese unterteilen sich dabei je nach Reifegrad des Mitarbeiters von Unter-

---

[44] Reiber, W. (2013), S. 207
[45] Vgl. Franken, S. (2010), S. 262ff
[46] Vgl. Reiber, W. (2013), S. 196f
[47] Vgl. Franken, S. (2010), S. 263
[48] Vgl. Rowold, J. (2013), S. 188f

weisen zu Überzeugen, hin zu Kooperieren und am Ende nur zu Delegieren.[49] Hier müsste die Einordung zum Reifegrad 1 (Delegieren) stattfinden.

Die Fallstudie zeigt aber auch, dass die Führung sich im Laufe der Zeit ändert. Die Modelle von Tannenbaum/Schmidt und Blake/Mouton sehen allerdings nicht vor, dass sich ein Führungsstil ändert. Demnach ist nur das Modell von Hersey/Blanchard eine qualitativ gerechtfertigte Darstellung und so eine Empfehlung zur Verwendung im Rahmen der virtuellen Teamarbeit.

Da Führung viel mit Kommunikation und auch mit persönlichem Kontakt zu tun hat, gilt es speziell bei virtuellen Teams diese Herausforderung zu meistern. Diese können neben Video- und Telefonkonferenzen auch mit Web 2.0 Technologien gemeistert werden. Doch welche Chancen und Risiken sich daraus ergeben, wird im nächsten Kapitel dargestellt.

4.4 Führung und Kollaboration mit Web 2.0 - Chancen und Risiken

Web 2.0 Technologien haben den Charakter nicht nur innerhalb des Intranets zur Verfügung zu stehen, sondern auch über das Extranet. Abhängig ist dies von der eingesetzten Technik. Bei extern gehosteten Lösungen können Mitarbeiter jederzeit und überall sich anmelden und Informationen abrufen, bereitstellen, zugeordnete Aufgaben erledigen, Projektpläne aktualisieren etc. Letztlich ist das Arbeiten „anytime – anyplace" möglich. Daneben können aber auch intern gehostete Lösungen den Mitarbeitern zur Verfügung gestellt werden. Dies wird meist über VPN Zugänge realisiert, um den Mitarbeitern die Möglichkeit zu bieten nach Feierabend die E-Mails zu lesen oder auch Zugriff auf die Web 2.0 Kollaborationssoftware zu erhalten. Dies ermöglicht Mitarbeitern neben Homeoffice auch die Arbeit nach Feierabend oder am Wochenende. Diese Option birgt Chancen wie auch Risiken. Die folgende Abbildung zeigt deutlich, dass die Chancen die Risiken überwiegen:

---

[49] Vgl. Franken, S. (2010), S. 270f

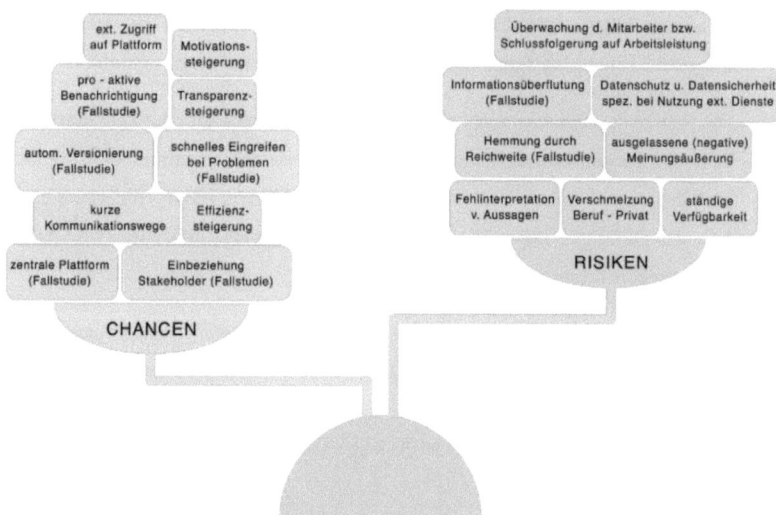

Abb. 6: Projektmanagement mit Web 2.0 Technologien: Chancen vs. Risiken[50]

5. Diskussion der Ergebnisse

Im Fokus dieser Seminararbeit stand die Forschungsfrage, welche Herausforderungen sich aus der virtuellen Zusammenarbeit mit Web 2.0 Technologien und dessen Führung in Projekten ergeben.

Die vorangegangenen Kapitel haben diese Frage beantwortet. Projekte in virtuellen Teams sind zudem keine Neuheit. Die klassische Kommunikation und Organisation fand mit Hilfe von Telefon und E-Mail statt. Wenn vorhanden konnten auch Videokonferenzen durchgeführt werden. Diese Videokonferenzsysteme waren aber proprietär und funktionierten nur, wenn die Kommunikationsteilnehmer das gleiche System bzw. den gleichen Hersteller nutzten. Durch die Globalisierung wurde dieses Problem verschärft. Abhilfe schafften die Web 2.0 Technologien die eine kollaborative Zusammenarbeit ermöglichen.

Bei Projekten mit virtuellen Teams sind die wesentlichsten Herausforderungen die Kommunikation innerhalb des Teams, die Selbstorganisation der einzelnen Teammitglieder und die Führung. Die Kommunikation stellt in Zeiten von Skype, Webex und

---

[50] Eigene Darstellung
(Eine Erläuterung der einzelnen Punkte ist dem Anhang zu entnehmen; S. 26 - 27)

co. keine große Herausforderung mehr da. Allerdings ist die persönliche Komponente nicht zu vernachlässigen. Diese kann durch entsprechende Medien nur zum Teil transportiert werden. Die Selbstorganisation stellt an die Teammitglieder schon eine größere Herausforderung. Wenn sich Mitglieder nicht selber organisieren können, endet dies schnell in Chaos und/oder Stress für die Mitarbeiter und Führungskräfte. Hier sind dann die Führungskräfte gefragt, den Mitarbeitern spezielle Leitlinien vorzugeben oder als Ansprechpartner bei Problemen zur Verfügung zu stehen. Das führt direkt zum nächsten und zentralsten Punkt, der Führung. Die Fallstudie hat gezeigt, dass es keinen Sinn macht nur einen Führungsstil stringent über die komplette Laufzeit eines Projektes zu verwenden. Denn die Analyse machte deutlich, dass bei einem so drastischen Eingriff in die Arbeitsweise auch das Verhalten der Mitarbeiter geändert werden muss. So etwas kann nur funktionieren, wenn die Führungskraft am Anfang strenge Vorgaben gibt und hart durchgreift. Im Verlauf ist es allerdings notwendig von dieser sehr autoritären Führungsweise abzuweichen und eine mehr kooperative Führung zu verwenden. Als idealtypisches Bild führt eine Führungskraft nach dem Modell von Hersey/Blanchard. Dadurch wird neben der Aufgabe, der Mitarbeiter und die Situation einbezogen und so eine ideale Führung angestrebt.

Abschließend lässt sich feststellen, dass Web 2.0 Technologien als gute Brücke zwischen Kommunikation, Organisation und zur Zusammenarbeit in Projekten dienen. Durch die vielfältigen Möglichkeiten können viele bisherige Nachteile der Zusammenarbeit bei verteilten Teams beseitigt werden (Stichwort Virtualität: „anytime-anyplace"). Doch stellt gerade dieser Punkt neue Herausforderungen an die Führungskraft. Dennoch können diese, wie in der Fallstudie ebenso gezeigt wurde, gemeistert werden, da die Chancen den Risiken klar überlegen sind.

Anhang

Fallstudie der Swiss Re: [51]

Projektmanagement bei verteilten Teams mit Jive-Gruppen im Swiss Re Ourspace

Andrea Back, Peter Füllemann, Wolfgang Jastrowski

Die Swiss Re ist ein führender und breit diversifizierter globaler Rückversicherer; sie ist mit weiteren Gruppengesellschaften der Swiss Reinsurance Company AG (Swiss Re) in mehr als 20 Ländern präsent. Das beschriebene Projekt ist in der Unit „Client and Business Intelligence" (CBI) angesiedelt. Die Fallstudie zeigt, wie die Projektkollaboration in weltweit verteilten Teams effektiver organisiert werden kann als mit E-Mail und Spreadsheets. Mit einer Gruppe oder *Community* in einer Social-Business-Software-Plattform, hier *Jive*, ist dies für jeden Nutzer schnell einzurichten und sehr einfach zu gestalten. Im vorgestellten Fall war der Auslöser für die neue Lösung die Herausforderung, ein strategisches Projekt innert kurzem Zeitraum umzusetzen. In dieser Lösung wird auch der Wiki-Way in der Projektkommunikation und -kollaboration gut ersichtlich. Durch den Wechsel auf eine zeitgemäße Kollaborationsplattform und unter Leitung des Projektverantwortlichen (und Mitautors) P. Füllemann konnte das festgefahrene Projekt wieder auf Kurs gebracht werden und sein strategisches Ziel erreichen.

Folgende Personen waren an der Bearbeitung dieser Fallstudie beteiligt:

Tab. 1: Mitarbeiter der Fallstudie

Ansprechpartner	Funktion	Unternehmen	Rolle
Andrea Back	Professorin und Leiterin der Forschungsbereiche Business 2.0 und Mobile Business	Universität St. Gallen (HSG)	Autorin
Peter Füllemann	Head Client & Business Intelligence Unit, Reinsurance Client Markets	Swiss Re	Group Owner, User, Autor
Wolfgang Jastrowski	Head Unit CRM, Collaboration & Communication	Swiss Re	IT Project Lead, Autor

Kurzprofile der Autoren

Andrea Back (andrea.back@unisg.ch):
Andrea Back ist Professorin für Betriebswirtschaftslehre, insbesondere Wirtschaftsinformatik, und leitet die Forschungsbereiche Business 2.0 (www.business20.unisg.ch) und Mobile Business (www.ccmb.ch). Sie ist Initiatorin und Mitherausgeberin des Buchs „Web 2.0 und Social Media in der Unternehmenspraxis", das 2012 in der 3. Auflage erschienen ist.

Peter Füllemann (peter_fuellemann@swissre.com)
Peter Füllemann, lic. oec. HSG, ist Leiter Client & Business Intelligence, welche die Verkaufssysteme und entsprechenden Steuerungsinformationen der Swiss Re fachlich betreut und weiterentwickelt. Peter Füllemann ist Absolvent des Instituts für Wirtschaftsinformatik der Universität St. Gallen.

Wolfgang Jastrowski (wolfgang_jastrowski@swissre.com)
Wolfgang Jastrowski ist für die Informatik der Abteilungen Communications, Legal & Compliance und Knowledge & Records verantwortlich. Er arbeitete 2008 an der Collaboration-Strategie für Swiss Re mit, zuständig für die technischen Bereiche, welche die Ausgangslage für die Implementierung von Ourspace bildete. Wolfgang Jastrowski absolvierte das Masterstudium Informatik an der ETH Zürich.

Dokumentation und Datenerhebung

Im Oktober 2011 wurden einstündige Interviews von Frau Prof. Dr. Andrea Back mit Geschäftsverantwortlichen der Swiss Re geführt (siehe Tab. 1). Diese persönlichen Gespräche fanden an zwei Tagen am einem der Standorte des Unternehmens, in Adliswil (Zürich) statt. Das Fallstudienraster diente als Leitfaden für die semi-

---

[51] Back, A., Gronau, N.,Tochtermann, K. (2012), S. 293ff

strukturierten Interviews. Die Gespräche wurden aufgezeichnet, transkribiert und auf dieser Basis der Fallstudientext verfasst. Zusätzlich wurde mit den Unternehmensvertretern jeweils ein Kurzstatement in deutscher und englischer Sprache auf Video aufgezeichnet. Die Fallstudie wurde von den als Mitautoren angeführten Unternehmensvertretern und von den in den Use Cases genannten Personen überprüft, teilweise leicht überarbeitet und freigegeben. Im Rahmen der Vorbereitung der Publikation der Fallstudien im Buch „Web 2.0 und Social Media in der Unternehmenspraxis" flossen im Zeitraum März - Mai 2012 aktualisierte Informationen ein und es wurden Screenshots für Abbildungen bereitgestellt. In persönlichen Gesprächen, E-Mail-Verkehr und über ergänzende Dokumente, die nicht alle in den Fallstudien dokumentiert sind, sind weitere Informationen über die Lösung ausgetauscht worden.

Kurzbeschreibung

Diese Fallstudie zeigt, wie die Projektkollaboration in weltweit verteilten Teams effektiver organisiert werden kann als mit E-Mail und Spreadsheets. Mit einer Gruppe oder *Community* in einer Social-Business-Software-Plattform, hier *Jive*, ist dies für jeden Nutzer schnell einzurichten und sehr einfach zu gestalten. Im vorgestellten Fall war der Auslöser für die neue Lösung die Herausforderung, ein strategisches Projekt innert kurzem Zeitraum umzusetzen. Durch den Wechsel auf eine zeitgemäße Kollaborationsplattform und unter Leitung des Projektverantwortlichen (und Mitautors) P. Füllemann konnte ein festgefahrenes Projekt wieder auf Kurs gebracht werden und sein strategisches Ziel erreichen.

Die Fallstudie ist auch für KMU und nicht internationale Organisationen aufschlussreich, denn virtuelle Zusammenarbeit von Teams ist allgegenwärtig. Selbst wenn alle Teammitglieder im selben Gebäude oder Stockwerk arbeiten, muss doch eine effektive Kommunikation über Informationssysteme organisiert werden.

1 Unternehmen und Geschäftsbereich

Die Swiss Re ist ein führender und breit diversifizierter globaler Rückversicherer; sie ist mit weiteren Gruppengesellschaften der Swiss Reinsurance Company AG (Swiss Re) in mehr als 20 Ländern präsent. Das beschriebene Projekt ist in der Unit „Client and Business Intelligence" (CBI) angesiedelt.

Peter Füllemann ist Leiter dieser Unit. Sie stellt die Business-Intelligence-Systeme dem Sales und Business Development global zur Verfügung. Einerseits betreibt CBI die Systeme operativ, sie ist im Geschäftsbereich Reinsurance angesiedelt, andererseits führt sie Entwicklungsprojekte durch, um die Verkaufssysteme noch besser an den Bedürfnissen der Benutzer auszurichten. Die Unit verwaltet ein substanzielles Portfolio von Projekten aus dem gesamten Swiss Re Projektaufkommen. Es handelt sich in der Regel um globale Projekte, wo die Teammitglieder von verschiedenen Standorten zusammenarbeiten; fünf verschiedene sind keine Seltenheit. CBI betreibt neben Reporting- und Portal-Systemen die Partnerdaten-Master-Applikation CRM, an der etwa 80 Systeme angebunden sind und die Daten abgreifen, u. a. Vertragssysteme und Payment-Systeme. IT-Lösungen haben bei Swiss Re einen hohen Stellenwert. „Wir sind ein Haus der 1.000 Spezialisten und eher Engineering getrieben", heißt es.

Füllemann ist Nutzer und Fürsprecher (Promoter) von Ourspace, wie die auf der Social Business Software Jive basierende Plattform bei Swiss Re genannt wird. Sie existiert separat vom Intranet und wird von den Nutzern auch als getrennt davon wahrgenommen; mit der zunehmenden Verbreitung von Ourspace-Nutzungen wird die Abgrenzung aber weniger klar.

2 Projekt, Problemlage und Änderungsentscheid

Das Ziel des zu managenden Projekts war, eine Darstellung von Kundenvernetzungen auf der Basis von SAP CRM zu etablieren, so wie man es von Social-Networking-Plattformen wie LinkedIn oder XING kennt, um das Kundenkontaktmanagement bzw. den Kundenfokus der Swiss Re noch besser zu unterstützen. Dies war eines der herausfordernden und strategischen Ziele für 2011. Man kann jetzt CRM-Kontakte auf dem Portal suchen und Vernetzungen mit einem Klick sehen.

Füllemann war Umsetzungstreiber und im Steuerungsausschuss des hier behandelten Projekts. Die geschäftsseitige Projektleitung lag in Zürich, der Sponsor und die IT-Verantwortlichen waren in New York, die Entwicklung saß in Riga, das Testing erfolgte in Indien, und die Kunden bzw. Projekt-Stakeholder waren weltweit verteilt. Im Projekt arbeiteten zum Abschlusszeitpunkt 17 Leute an neun Standorten mit.

Füllemann kannte Ourspace bereits aus der Evaluationsphase in 2008. Er war dort interviewt worden, um Informationen beizutragen, wo er einen Geschäftsnutzen von Social Business Software sieht. Potenzial hat er vor allem für die Projektabwicklung gesehen. In Projekten sind die Mitarbeitenden sehr verteilt. Die eigene Unit macht in der Regel die Business Analyse und Projektleitung; externe Consultants für die verschiedensten Bereiche werden hinzugezogen und die IT-Prozesse sind ausgelagert. Die virtuelle Teamzusammenarbeit ist generell eine Herausforderung an die Teamleitung. Wie gelingt es, ein virtuelles Team auf ein gemeinsames Ziel auszurichten und es so zu unterstützen, dass im Idealfall einem Hochleistungsteam der Boden bereitet wird. Ein gemeinsames Ziel zu haben heißt, dass die Teammitglieder verstehen, was dieses Ziel ist, dass sie die Meilensteine kennen, wissen was Sie persönlich beitragen und erreichen müssen, und dass sie sich nicht zuletzt im Klaren darüber sind, welche Folgen ihre eventuell verspätete oder versäumte Abgabe von Lieferobjekten für den Fortgang des Projekts hätte. Der Geschäftsnutzen einer modernen Kommunikations- und Kollaborationsplattform wie Jive liegt darin, dass diesen Herausforderungen effektiv begegnet werden kann.

Die Eigenheit des betrachteten Projekts stellte sich 2011 wie folgt dar. Der Projektauftrag erfolgte aus einer strategischen Initiative heraus, welche einen sehr ambitiösen Zeitrahmen vorgab. Das bedeutete einen besonders große Herausforderung für die Projektleitung und das Team: Für eine längere Teambildung bzw. „Storming and Forming"-Phase war wenig Zeit vorhanden, und es galt, das Team und die Beteiligten klar auf ein Ziel auszurichten. Zudem war die IT-Aufwandschätzung eine kritische Größe für den Projektumfang, der auf das für die Zielerreichung absolut Nötigste reduziert wurde. Füllemann übernahm die Leitung des ins Stocken geratenen Projekts und entschied, neben anderen Maßnahmen insbesondere auf die Projektkollaboration zu fokussieren und deshalb „ad interim" mit Ourspace zu arbeiten. Durch die Umstellung auf Ourspace und unter seiner Führung gelang es im Sommer 2011, dieses strategische Projekt in Rekordtempo umzusetzen. Das Projekt konnte erfolgreich abgeschlossen werden. Im Oktober ging die erweiterte Applikation in Betrieb.

3 Arbeitsweise im Projektteam

Ourspace steht allen Mitarbeitenden offen und ist ohne Kostenfolge nutzbar; eine Gruppe kann innert einer Minute erstellt werden (kritischer Erfolgsfaktor). Es muss weder ein Antrag gestellt werden, noch ist ein separates Log-in nötig, da die Anmeldung per Single Sign-on erfolgt.

Gewohnte Arbeitspraxis mit E-Mail und Spreadsheets

Die übliche Projektkollaboration wird mit E-Mails und Spreadsheets abgewickelt. Es gibt im Project Management Office eine Person, die in Sitzungen beschlossene Open Issues dokumentiert und verfolgt. Diese werden dann in Spreadsheets übertragen in aller Regel einmal pro Woche an einen E-Mail-Verteiler des Teams verschickt. Füllemann nennt diesen Zustand der Projektkommunikation „disconnected". Das führt dazu, dass durchaus einmal erst drei Wochen später eine offene Aufgabe (Action Item), deren Endtermin verpasst wurde, bemerkt und angemahnt wird. Vorkommnisse dieser Art im Projektcontrolling können zu kritischen Verzögerungen führen und gesamte Projekte gefährden. Mit Ourspace sind alle offenen Punkte direkt einsehbar, und beispielsweise Scope, Risiken oder Verzögerungen sind für das gesamte Team ersichtlich, was auch zu einer positiven Teamdynamik führen kann, denn Team-Mitglieder sehen, wo sie gegebenenfalls unterstützen können.

Einrichten einer Ourspace-Gruppe

Jeder kann eine Ourspace-Gruppe spontan einrichten. Das ist, wie Füllemann sagt, extrem einfach[1]. Dabei können Gruppen generell für alle Swiss Re Angehörigen offen sein, oder man kann den Zugriff auf einen bestimmten Nutzerkreis beschränken. Für seine Projekte wählte Füllemann geschlossene Benutzergruppen, da er möchte, dass die Teammitglieder offen kommunizieren, sie sollen nicht fürchten, sich vor der ganzen Firma bloßgestellt zu fühlen. Eine Gruppe in Ourspace besteht aus verschiedenen Elementen; ein zentrales Element in der Projektkollaborations-Lösung ist das Dokument, auch Page genannt. Wie in üblichen Content-Management-Systemen bietet die Erstellung eines Dokuments viele Gestaltungsmöglichkeiten (z. B. Einbinden von Tabellen, Videos etc.)[2]. Ein Dokument kann dann – wie eine Wiki-Seite – von allen Teammitgliedern laufend editiert und damit aktualisiert werden. Zu jeder Page können außerdem unten Kommentare geschrieben werden.

---

[1] Vgl. Demo-Video (20 sec., engl.) von Jive Software auf ihrem Youtube-Kanal: How-to: Create a group in Jive 5: http: youtu.be RPKvC4a2eWU (Aufrufdatum 10.1.12)

[2] Vgl. Demo-Video (30 sec., engl.) von Jive Software auf ihrem Youtube-Kanal: How to create a document using Jive 5: http: youtu.be RIQvK8rSxtI (Aufrufdatum 10.1.12)

Wichtige Dokumente bzw. Pages in der Projektkommunikation und -kollaboration

Der Projektleiter richtete für die in der Zusammenarbeit im Team wichtigen Aspekte Pages in seiner Ourspace-Gruppe ein.

Rollen und Verantwortlichkeiten:

Wichtig sind immer eine klare Rollenverteilung und Verantwortlichkeiten. Mit der Page „Roles & Responsibilities" (vgl. **Fehler! Verweisquelle konnte nicht gefunden werden.**) wurden alle aufgefordert, diese Angaben selbst einzutragen. Dadurch bekommt die Projektleitung auch gleich einen Eindruck, welches Verständnis die Teammitglieder von ihren Rollen haben.

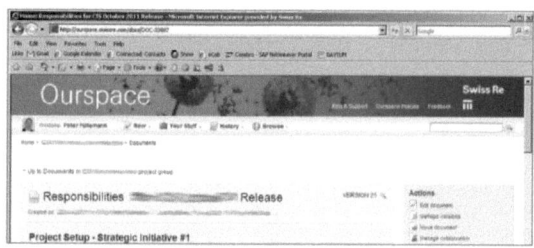

Abb. 1:   Beispiel für eine Ourspace-Page Roles & Responsibilities

Open Topics:

Lösungsdruck gab es auch bei der Koordination der Open Topics und wer für die Bearbeitung verantwortlich ist (vgl. Abb. 2): wegen der vielen Abhängigkeiten zu anderen Systemen mit unterschiedlichen Release-Plänen ist diese Abstimmung nicht einfach (in diesem Beispiel galt es, vier verschiedene Systeme zu koordinieren). Dabei kommt es in der gewohnten Arbeitsweise zu vielen An- und Nachfragen beim Projektleiter, von denen sich sehr viele durch die direkte Vernetzung der Leute erübrigen. Es ist ja in der Regel klar, wer sich einer Aufgabe annehmen muss, und die Open Topics müssen die Mitarbeitenden ohnehin irgendwo erfassen. Dieser Selbstorganisations-Effekt entlastet die Teamleitung von diesen Kommunikationsaufgaben. Wenn jetzt z. B. jemand an Füllemann noch eine Frage oder zu erledigende Aufgabe heranträgt, stellt er das in Ourspace und sagt damit: „Open Topic – Who takes it?".

23

Abb. 2: Beispiel für eine Ourspace-Page Open Topics

Project Risks:

Auch die vorher in einem Spreadsheet realisierte Risk-Management-Liste für das Projekt wird nun als Ourspace-Dokument geführt (vgl. Abb. 3.Abb. 3). In der Spreadsheet-Variante ist es schwer, ein Gefühl dafür zu entwickeln, ob sie gelebt wird oder nicht.

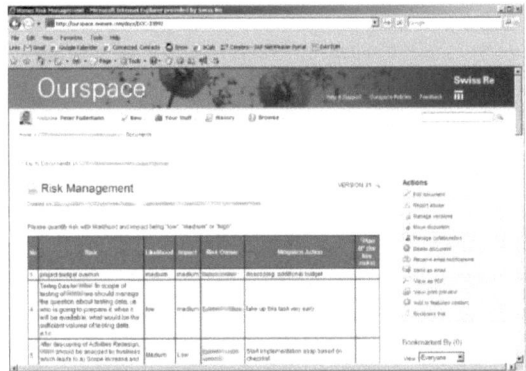

Abb. 3: Beispiel für eine Ourspace-Page Project Risks

Abschluss des Projekts

Wenn das Projekt zu Ende ist, wird die Gruppe gelöscht, oder noch eine Weile behalten, um sie an den nächsten Projektleiter weiterzugeben.

Die beschriebene Arbeitsweise mit Ourspace macht natürlich nicht das gesamte Projektmanagement aus. Es braucht nach wie vor die Projektplanungsphase, die Tasks müssen herunter gebrochen, der Aufwand geschätzt und im Team ein Plan erarbeitet werden. Auch ersetzt dies nicht ein quantitatives Projektcontrolling.

4 Wege zur Verhaltensänderung

Berührungsängste, sich auf eine noch unbekannte Arbeitsweise einzulassen, gibt es sowohl bei den Mitarbeitenden im Projekt als auch bei den Vorgesetzten. Ohne persönliche Erfahrung mit dem System, ist es für die Mitarbeitenden zunächst schwer, den Nutzen und die Vorteile für sich selbst zu erkennen. Das Change Management darf deshalb nicht vernachlässigt werden. Es gilt, anspruchsgruppengerecht und an konkreten Beispielen zu veranschaulichen, welche persönlichen Vorteile die Lösung ermöglicht.

Ein anderer wichtiger Punkt ist, dass man selbst den Aufgeschlossenen und Treibern von modernen Kollaborationsplattformen Steine in den Weg legen kann. Es ist äußerst hilfreich für die Steigerung der Nutzerakzeptanz von Plattformen wie Jive, wenn sie als Grundinfrastruktur behandelt werden und wie E-Mail und Office-Software zentral zur Verfügung gestellt werden. Wenn direkte Kosten für das Einrichten und die Nutzung einer Gruppe anfielen, würde es sich selbst ein für die Sache sehr Engagierter zweimal überlegen, die Software einzusetzen. Solange diese Lösungen noch nicht selbstverständlich sind gilt es, keine Barrieren für die Nutzung in den Weg zu stellen.

Mitarbeitende im Projekt

Die Einführungsmethode war eine Mischung aus Vorbild und vollendeten Tatsachen. Der Projektverantwortliche Füllemann hat einerseits vorgelebt, wie mit Ourspace zu arbeiten ist, und die Teammitglieder andererseits aber auch enthusiastisch an Bord geholt. Wenn jemand z. B. im Issue Tracking wieder auf E-Mail-Mitteilungen ausgewichen ist, hat Füllemann gefragt: „Welches Issue ist das jetzt auf dem Ourspace?". Es wurde also ein Transformationsprozess in Gang gesetzt, der ein paar Wochen dauerte, bis sich alle daran gewöhnt hatten. Schlussendlich hat sich die Mühe des Umlernens für alle gelohnt, denn es hat dem Team geholfen, die Projektziele zu erreichen. Dies wird von einigen Anwendern, insbesondere die im Projekt gute Leistungen brachten, explizit bestätigt: „Das hat ja wirklich geholfen", und „das haben wir gut gefunden, dass wir da so einen transparenten Austausch hatten."

Übergeordnete Projektleitung

Gegenüber Vorgesetzten, die mit Anwendungen dieser Art noch nicht vertraut sind, benötigt die Überzeugungsarbeit großes Beharrungsvermögen und Kommunikationsgeschick. Die Motivation, so eine Lösung einzuführen und darüber hinaus auch selbst in Ourspace mitzumachen, ist nicht bei jedem vorhanden. Oft ist überhaupt kein Vorstellungsvermögen da, wie die veränderte Arbeitsweise aussieht, und diesbezügliche falsche Vorstellungen und Unklarheiten sind durch rein abstraktes „Erklären" schwer aus dem Weg zu räumen; einfacher ist es, durch Selbstanwendung die Arbeitsweise „zu erleben" und auf diesem Weg die Vorteile zu erkennen. Füllemann machte mehr als einmal die Erfahrung, dass er als Promotor unnachgiebig sein musste: Für ein anderes Projekt, wo er die Kollaboration wieder mit Ourspace umsetzen wollte, brauchte es mehrere Anläufe, um die Projektleitung zu überzeugen.

Füllemann fand also auch in seinem Arbeitsumfeld bestätigt, was [Rogers 2003] mit seiner Innovation-Adoption-Kurve beschreibt: Es gibt immer drei Gruppen: Die Early Adopters, die man nicht besonders motivieren muss. Die Followers, die man motivieren muss und die das Neue dann auch annehmen. Und dann eben noch eine dritte Gruppe, die man wahrscheinlich nie auf neue Wege bringen wird.

5 Vorteile und realisierte Nutzen

Die Arbeitsweise mit Ourspace-Gruppen im Projektmanagement und der Projektkollaboration hat viele Vorteile. Sie

- bringt ein virtuelles Team zusammen auf eine Plattform,
- schafft für das gesamte Team Transparenz über Ziele, Arbeitspakete und Lieferobjekte,
- bringt Schwung ins Team bzw. löst eine positive Gruppendynamik hinsichtlich der Termintreue aus, wenn jeder sieht, wie andere voran machen und wo jeder einzelne steht.
- ermöglicht Stakeholdern und Teammitgliedern, bei von ihnen ausgewählten Dokumenten ein „Subscribe" zu setzen, um bei Änderungen eine E-Mail-Benachrichtigung (Notification) zu erhalten.
- dokumentiert Zeitpunkt und Bearbeitende der Aufgaben ganz nebenbei durch die Versionenverwaltung der Dokumente (Dokumenthistorie).
- gibt der Teamleitung Einblick, ob und wo das Projekt im Plan oder Rückstand ist, so dass ein zeitnahes Eingreifen möglich ist.

- sorgt über die E-Mail-Benachrichtigungen für die kontinuierliche Wahrnehmung der Projektaktivitäten sowohl beim Projektleiter als auch bei den Teammitgliedern und
- macht es durch die Notifications auch einfach, d. h. nur einen „Klick" entfernt und mit allen Issues an einem Platz, Projektaktivitäten laufend zu verfolgen und auf einzelne zu fokussieren.

Die Vorteile im Vergleich zur konventionellen Lösung schlagen sich in konkreten Nutzen nieder, wie die folgenden Beispiele belegen.

Reaktionszeit und Transparenz im Projektmanagement:

Wenn beispielsweise in der Page „Roles & Responsibilities" eine verantwortliche Person eingetragen wird, kann diese viel schneller reagieren und eine nicht zu ihrer Verantwortung passende Aufgabe ablehnen oder weitergeben, als wenn ihr Name in Spreadsheets dokumentiert würde. Dort ist diese Information wie vergraben; es dauert viel länger, bis man so einen Eintrag bemerkt, wenn er nicht sogar ganz übersehen wird. Gerade Projektleiter mit mehrfacher Projektverantwortung, können nicht von allen Projekten die Meeting-Protokolle lesen, alle Spreadsheets öffnen und schauen, ob ihr Name aufgeführt ist. Diese Transparenz und klare Dokumentation von Rollen und Verantwortung hilft auch, unnötige Diskussion zu vermeiden, wer eine Aufgabe zu erledigen hat. Einerseits kann sich niemand mehr mit der Aussage rechtfertigen: „Ich wusste nicht, dass ich das machen muss, und was die Konsequenz ist." Andererseits hilft die Transparenz der Teamleitung dabei, ihre Leute vor Arbeiten zu schützen, die gar nicht ihre Aufgabe sind, sondern die von anderen Teams.

Selbstregulation im Projektverlauf:

Das Team für Ourspace zu motivieren, sagt Füllemann, habe ihn und das Team etwa 1–2 Tage gekostet (das Aufsetzen der leeren Dokumente 1–2 Stunden). Dafür fällt durch die Selbstregulation im Team fürs Projektmanagement-Office signifikant weniger Aufwand an. Die große Ersparnis fürs Team liegt drin, dass es viel weniger Friktionsverluste in der Zusammenarbeit gibt, weil Klarheit und Transparenz herrschen. Wenn Mitarbeitende im Team das laufende Aktualisieren von „Open Topics" vielleicht als mühsam und weniger effizient empfunden haben sollten, dann kann man diesen Punkt nicht als Nachteil oder Aufwandsfaktor gelten lassen. Zum einen ist es sehr einfach zu erledigen, zum anderen ist eine aktuelle Projektdokumentation nun mal Pflicht und Teil der Projekt-Governance.

6   Reflexion und Ausblick

Information Overload?

Der Projektleiter wird zwar mit Notifications über neue Posts und Änderungen regelrecht überschüttet, aber insgesamt gesehen hat er durch die vielen oben genannten Vorteile weniger Aufwand. Natürlich bedarf dies einer gewissen Umstellung. Füllemann sagt dazu: „Ich denke, das ist eine der Ausprägungen des Zeitalters der Digital Natives, welche im digitalen Informationsfluss aufgewachsen sind. Man muss mit Informationsflüssen umgehen können, die relevanten Flüsse „screenen" und entscheiden: Wo muss ich vertiefen, wo nicht?". Mit der Zeit entwickelt sich das Gespür dafür, wo es nicht so gut läuft und man fokussiert dann auf diese Themen. Das ist für die Mitarbeitenden im Projekt nicht direkt ersichtlich, sie müssen davon ausgehen, dass prinzipiell alles genau angeschaut wird, was einem Projektleiter natürlicherweise ja nicht möglich ist.

Pläne und Ausblick

Auf die Frage, was er im Rückblick auf das Projekt heute anders machen würde, sagt Füllemann, dass er es grundsätzlich bei einem verteilten Projekt wie diesem wieder so machen würde. Der Einsatz und Umfang von Kollaborationsplattformen hängt aber insbesondere auch von der Art des Projektes ab. Der weitere Einsatz dieser Kollaborationslösung ist innerhalb CBI schon geplant und bereits im Gange, so im Bereich Operations. Dort existiert inzwischen auch eine Ourspace-Gruppe mit einer Liste der Open Topics, um klar und übersichtlich zu dokumentieren, wer für was verantwortlich ist, und um die Leute zu motivieren, die Open Topics anzugehen.

Füllemann setzt damit auf virale Verbreitung dieses Use Case von Social Business Software. Er möchte am liebsten für alle seine Projekte je eine Ourspace-Gruppe haben, um besser die Übersicht zu behalten, und er befindet sich auf gutem Weg dorthin.

Chancen:

Bezeichnung	Beschreibung
Kurze Kommunikationswege	Arbeitsanweisungen direkt abrufbar und Aufgabenpakete können dem Bearbeiter direkt zugewiesen werden.
Effizienzsteigerung	Kurze Kommunikationswege, Transparenz und Motivation führen zu besserer Selbstorganisation der Mitarbeiter und somit zu einer schnelleren Bearbeitungszeit der Aufgabenpakete.
Transparenzsteigerung	Da die Informationen über die Plattform allen zugänglich ist und die Informationen auch aktuell sind führt dies zu einer Steigerung der Transparenz.
Motivationssteigerung	Durch neue/moderne Medien werden die Mitarbeiter zusätzlich motiviert.
Externer Zugriff auf Plattform möglich	Durch Nutzung eines externen Web 2.0 Anbieters oder auch durch Zugriff per VPN ist jederzeit und überall der Zugriff auf die Kollaborationsplattform möglich.
Zentrale Plattform (Fallstudie)	Nutzung einer zentralen Plattform vermeidet Medienbrüche und Inkonsistente Dokumente.
Einbeziehung der Stakeholder (Fallstudie)	Möglichkeit von einfachem einbinden von Stakeholdern, z.B. Stakeholder werden bei neuen Einträgen in bestimmten Themen benachrichtigt.
Automatische Versionierung (Fallstudie)	Automatische Versionierung der Dokumente, dadurch kann Fortschritt der APs leichter festgestellt werden als in großen Horizontalen / Vertikalen Verzeichnisstrukturen.
Schnelleres Eingreifen bei Problemen (Fallstudie)	Rechtzeitiges Eingreifen der Projektleitung bei Problemen aufgrund der hohen Transparenz.
Proaktive Benachrichtigung (Fallstudie)	Proaktive Benachrichtigung bei neuen Inhalten. Dadurch sind Teilnehmer immer „up to date" und es gibt keine klassische Hohlschuld mehr.

Risiken:

Bezeichnung	Beschreibung
Ständige Verfügbarkeit	Mobile Endgeräte ermöglichen eine ständig andauernde Verfügbarkeit. Dadurch gibt es keinen klassischen Feierabend mehr.
Verschmelzung zwischen Privat und Berufsleben	Keine klaren Grenzen zwischen Arbeitszeit und Freizeit, da ständige Verfügbarkeit. Kann zu Stress und Überbelastung führen und evtl. Negativ auf Motivation und Gesundheit des Mitarbeiters.
Fehlinterpretation von Aussagen	Da Aussagen in Kollaborationsplattformen grundsätzlich nur Sachinformation transportiert, besteht die Gefahr von Fehlinterpretationen aufgrund lange vom Satz oder Satzstellung.
Ausgelassene (negative) Meinungsäußerung	Gefahr der sinkenden Hemmschwelle bei negativen oder beleidigenden Äußerungen aufgrund der Distanz und die dadurch herrschende unpersönliche Kommunikation. (Dies zeigt sich vor allem in den öffentlichen Social Media Plattformen wie Facebook, Google+ etc.).
Hemmung durch Reichweite (Fallstudie)	Da abgelegte Dokumente oder Posts eine sehr große Reichweite im Projekte respektive Unternehmen haben kann, scheue sich unter Umständen Mitarbeiter bestimmte Themen zu veröffentlichen.
Informationsüberflutung (Fallstudie)	Zu viele Einträge in kurzer Zeit können zu einer Informationsflut für die Mitarbeiter werden. Die Gefahr besteht speziell bei großen Teams und auch bei längerer Abwesenheit wie Urlaub oder Krankheit. Gefahr für Projektleitung besonders groß, da dieser immer auf dem aktuellen Stand sein möchte.
Überwachung der Mitarbeiter bzw. Schlussfolgerungen auf die Arbeitsleistung	Evtl. wird die Transparenz durch Führungskräfte dazu verwendet, die Mitarbeiter zu überwachen. Frei nach dem Motto: wer viel Präsenz zeigt oder auch Dokumente ablegt, muss ja auch viel Leisten.
Datenschutz und Datensicherheit (speziell bei Nutzung externer Dienstleister)	Oft ist es bei einem externen Dienstleistern unklar, wo genau die Daten physisch liegen, wie die Daten vor externem Zugriff geschützt sind und wie ein Datenverlust sichergestellt wird. Das Risiko lässt sich bei militärischen oder innovativen Projekten kaum einschätzen. Bei internem Hosting, können entsprechende Maßnahmen schneller und leichter definiert und umgesetzt werden.

Literaturverzeichnis

Alali, F. A.,Yeh, C.-L. (2012): Cloud Computing: Overview and Risk Analysis, in: Journal of Information Systems, 26. Jg., Nr. 2, S. 13–33.

Alby, T. (2008): Web 2.0. Konzepte, Anwendungen, Technologien, 3. Aufl., München, 2008.

Ascensio System SIA (2014): Setzen Sie TeamLab Office auf Ihren Unternehmensserver ein, URL: http://www.teamlab.com/de/server-enterprise.aspx, Abruf am 9. 05.2014.

Augeo Software (2014): Das Produkt, URL: http://www.planzone.de/projektmanagement-software, Abruf am 9. 05.2014.

Back, A., Gronau, N.,Tochtermann, K. (2012): Web 2.0 und Social Media in der Unternehmenspraxis. Grundlagen, Anwendungen und Methoden mit zahlreichen Fallstudien, 3. Aufl., München, 2012.

Basecamp (2014a): Basecamp is everyone's favorite project management app, URL: https://basecamp.com/, Abruf am 30. 04.2014.

Basecamp (2014b): Get started on a project, URL: https://basecamp.com/help/guides/projects, Abruf am 9. 05.2014.

Bohinc, T. (2012): Führung im Projekt, Berlin, 2012.

Davis, G. B. (2002): Anytime/Anyplace Computing and the Future of Knowledge Work, in: Communications of the ACM, 45. Jg., Nr. 12, S. 67–73.

Franken, S. (2010): Verhaltensorientierte Führung. Handeln, Lernen und Diversity in Unternehmen, in: Verhaltensorientierte Führung.

GPM Deutsche Gesellschaft für Projektmanagement e. V. (2013): Misserfolgsfaktoren in der Projektarbeit, URL: http://www.gpm-ipma.de/fileadmin/user_upload/Know-How/studien/Misserfolgsfaktoren_final.pdf, Abruf am 3. 05.2014.

GroupCamp (2014): Online Projektmanagement Software, URL: http://www.groupcamp.de/online-projektmanagement-software, Abruf am 9. 05.2014.

Herrmann, D., Knut, H.,Andrea, R. (2012): Führung auf Distanz. Mit virtuellen Teams zum Erfolg, 2. Aufl., Wiesbaden, 2012.

IBM Deutschland (2014): IBM Notes and Domino family, URL: http://www-03.ibm.com/software/products/de/notesanddominofamily, Abruf am 9. 05.2014.

Jive Software (2014): Jive: Communication and Collaboration for modern, mobile business, URL: http://www.jivesoftware.com/social-business-software/collaboration-software/, Abruf am 5. 05.2014.

Microsoft Corporation (2014a): Architekturplanung für SharePoint 2013-IT-Experten, URL: http://technet.microsoft.com/de-DE/sharepoint/fp123594, Abruf am 9. 05.2014.

Microsoft Corporation (2014b): Funktionen und Features in SharePoint 2013, URL: http://technet.microsoft.com/de-DE/sharepoint/fp142374, Abruf am 9. 05.2014.

Montana, P. J.,Charnov, B. H. (2008): Management, 2008.

NorthDocks UG (2014): Quassum - Overview, URL: https://quassum.com/overview, Abruf am 9. 05.2014.

O'Hara-Devereaux, M.,Johansen, R. (1994): Globalwork. Bridging distance, culture, and time, 1. Aufl., San Francisco, 1994.

O'Reilly, T. (2005): What Is Web 2.0, URL: http://oreilly.com/pub/a/web2/archive/what-is-web-20.html?page=5, Abruf am 25. 04.2014.

Pfetzing, K.,Rohde, A. (2009): Ganzheitliches Projektmanagement, 3. Aufl., Zürich, 2009.

Reiber, W. (2013): Vom Fachexperten zum Wissensunternehmer. Wissenspotenziale stärker nutzen, die persönliche Wirksamkeit erhöhen, Wiesbaden, 2013.

Rowold, J. (2013): Human Resource Management. Lehrbuch für Bachelor und Master, [S.l.], 2013.

Salzer, E. (2011): Quintessenz der Unternehmenskommunikation. Wie Sie Ihre Ziele im Dialog mit Ihren Stakeholdern besser erreichen können, Berlin, Heidelberg, 2011.

Schulz von Thun, Friedemann (2006): Störungen und Klärungen. Allgemeine Psychologie der Kommunikation, 43. Aufl., Reinbek bei Hamburg, 2006.

Standish Group (2013): Chaos Manifesto 2013, URL: http://versionone.com/assets/img/files/CHAOSManifesto2013.pdf, Abruf am 30. 04.2014.

Statistisches Bundesamt (2013): Unternehmen und Arbeitsstätten: Nutzung von Informations- und Kommunikationstechnologien in Unternehmen, URL:

https://www.destatis.de/DE/Publikationen/Thematisch/UnternehmenHandwerk/Unterne
hmen/InformationstechnologieUnternehmen5529102137004.pdf?__blob=publicationFil
e, Abruf am 30. 05.2014.

Weatherly, J. N. (2009): Handbuch systemisches Management: eine Anleitung für Prak-
tiker, 2009.

ZEW (2010): IKT - Report, URL: ftp://ftp.zew.de/pub/zew-
docs/div/IKTRep/IKT_Report_2010.pdf, Abruf am 29. 04.2014.

BEI GRIN MACHT SICH IHR WISSEN BEZAHLT

- Wir veröffentlichen Ihre Hausarbeit, Bachelor- und Masterarbeit

- Ihr eigenes eBook und Buch - weltweit in allen wichtigen Shops

- Verdienen Sie an jedem Verkauf

Jetzt bei www.GRIN.com hochladen und kostenlos publizieren